AF348143

CRÉATION D'UN LYCÉE A BAYONNE.

LETTRE

A M. LE MAIRE ET A MM. LES CONSEILLERS MUNICIPAUX.

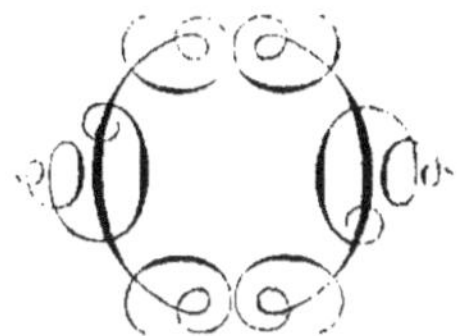

BAYONNE,
IMPRIMERIE DE VEUVE LAMAIGNÈRE NÉE TEULIÈRES,
Rue Pont-Mayou, 39.

1859.

CRÉATION D'UN LYCÉE A BAYONNE.

LETTRE

A M. le Maire et à MM. les Conseillers Municipaux.

Monsieur le Maire,

Messieurs les Conseillers,

La profonde conviction que je ressens de votre zèle et de votre dévouement pour les intérêts de la ville que vous représentez, m'encourage à vous soumettre quelques considérations sur la nécessité de fonder à Bayonne un établissement d'enseignement secondaire communal. Si mes raisonnements apportent dans vos esprits la résolution de doter enfin notre commune d'une institution réclamée par un bien grand nombre de pères de famille, je me réjouirai d'avoir contribué, pour ma faible part, à ce que je regarde comme un acte d'équité et de justice. Si, au contraire, Messieurs, vous persistez à penser que le moment ne soit pas opportun, que l'état de vos finances doive arrêter votre bon vouloir, je regretterai votre décision; mais je n'en croirai pas moins avoir rempli un devoir de conscience et m'être fait, auprès de vous, l'interprète d'un besoin réel.

L'utilité d'un collége ne devrait pas donner lieu à être démontrée :

Elle se justifie par le mode d'enseignement existant à Bayonne. Les classes n'y sont pas complètes : on vous demandait 6,000 fr. annuels pour les compléter;

Elle s'explique par les nombreuses commissions nommées par les divers Conseils municipaux ; preuve certaine de son évidence : une question oiseuse ne fait pas si souvent l'objet de nominations de commissions,

Elle est prouvée par le départ de 73 élèves de l'arrondissement de Bayonne qui, cette année, vont chercher dans des villes mieux dotées l'instruction que leur chef-lieu ne peut ni ne sait leur donner.

En 1843, le Gouvernement, représenté par ses hauts fonctionnaires, demandait un collége à la ville de Bayonne; le Gouvernement manifestait son étonnement de ce que la ville de Bayonne, qui est le centre d'un commerce important, ne possédât pas un établissement public secondaire; il disait que deux ou trois pensions particulières (et remarquez, Messieurs, qu'aujourd'hui il n'y a plus qu'une seule pension où l'enseignement soit secondaire), livrées à tous les hasards de l'industrie privée et n'ayant d'ailleurs à redouter aucune concurrence sérieuse, ne pourraient offrir aux familles riches, ni même aux parents de la classe moyenne, des ressources suffisantes d'instruction pour leurs enfants; que l'arrondissement de Bayonne fournirait un grand nombre d'enfants à un établissement secondaire convenablement organisé; qu'enfin le voisinage de l'Espagne pourrait y amener des enfants espagnols dont les familles ont de fréquents rapports avec Bayonne.

Un de vos honorables collègues vous tenait le même langage lorsque, dans la séance du 26 septembre dernier, il vous disait qu'un collége aurait pour résultat d'attirer dans la ville un grand nombre de jeunes gens des meilleures familles de l'Espagne et de nos contrées pyrénéennes et landaises, et d'établir par là des liens d'affection et d'affaires profitables à tous les habitants.

La création d'un collége n'est donc pas seulement un fait qui réparera le manque d'instruction; c'est aussi la certitude d'un meilleur avenir commercial. Vous êtes des hommes pratiques dans les affaires, je n'ai pas besoin d'insister sur ce point de vue de la question.

Deux éléments bien distincts concourent à l'enseignement de nos enfants: je veux parler de l'instruction qui fait les savants, les hommes intelligents, et de l'éducation, cette culture du cœur qui fait les honnêtes gens, les hommes moraux. Aux lycées, aux colléges, aux institutions privées le premier de ces soins; à la famille, et rien qu'à la famille, incombe le second. Quelque dévoués, quelqu'aptes qu'ils puissent être, les instituteurs ne remplacent jamais le dévouement ni l'aptitude des pères et des mères. Je suis loin de nier la grande influence que possède l'instruction sur les bonnes mœurs; je n'ignore pas que les anciens, nos maîtres en ce point, appelaient les hautes études du beau nom d'*humanitaires*, mais je sais aussi ce que l'exemple de la vie du foyer apporte d'heureuses impressions aux jeunes enfants. On se plaint généralement de la disparition de la vie de famille. A quoi l'attribuer, si ce n'est à cette malheureuse nécessité dans laquelle se trouvent les parents de s'éloigner pendant de longues années de leurs enfants? Le besoin de l'instruction est là, et éducation de famille, affection de cœur, sollicitude de chaque instant pour des êtres qui nous sont chers, tout est sacrifié à cet impérieux besoin.

Voilà pourquoi, Messieurs, je vous demande à vous, pères de familles, représentants des intérêts de tous, la fondation d'un collége. Arrêtez des séparations toujours bien saignantes au cœur.

En 1843, l'honorable M. Viellajeus disait au Conseil Municipal d'alors :

« Il est inutile de signaler devant des personnes éclai-
« rées, animées du désir de voir les progrès intellectuels
« se répandre, tous les avantages qui résulteraient,
« pour la jeunesse bayonnaise, de recevoir sous les yeux
« de leurs parents une instruction solide graduée, ap-
« propriée, pour chaque enfant, à l'état de son intelli-
« gence, à ses loisirs pour l'étude, et plus particulière-
« ment encore conforme aux exigences de la profession
« qu'il a le désir d'embrasser. Nous disons d'abord que
« cette direction du cœur et de l'intelligence, première
« base de toute bonne éducation qu'il faut imprimer à
« la jeunesse, dès ses plus jeunes années, ne saurait
« rester abandonnée à nulle puissance occulte, étran-
« gère; qu'elle doit, au contraire, rester sans cesse
« soumise, par l'unité d'enseignement, à l'action régu-
« lière d'un pouvoir chargé de maintenir les bonnes
« traditions et d'appliquer partout d'une manière uni-
« forme les règles constantes d'une éducation patrioti-
« que et libérale. Celui qui aura sucé ces principes
« pourra bien n'être pas toujours un homme éminent
« par le savoir, mais il sera bon citoyen, dévoué aux
« institutions et aux intérêts de son pays, pratiquant
« cet amour exclusif de la patrie qui le rend jaloux de
« son indépendance et de sa gloire, toujours prêt à la
« défendre et à lui faire tous les sacrifices que tous les
« peuples qui ont eu de l'éclat et de la durée ont mis au
« premier rang de leur devoir. »

Ces hautes considérations, si éloquemment expri-
mées, n'ont pas besoin d'être commentées; elles saisiront vos esprits, Messieurs; les circonstances n'ayant pas changé pour notre ville, elles ont leur raison d'être à notre époque.

Lorsque l'on étudie son histoire, que l'on examine son passé, la France paraît avoir reçu de la Providence la mission d'être l'initiatrice des autres nations. Par son enseignement élevé, par sa littérature, elle leur communique ses mœurs, ses co.les, ses institutions libérales. Le premier rang que la France occupe dans les beaux-arts, les belles-lettres, l'industrie, explique sa grande influence morale. Conserver cette influence à notre patrie, préparer nos enfants à être dignes de cette mission providentielle, n'est-ce pas faire acte de bon et d'intelligent citoyen?

Certes, Messieurs, ou je me trompe, ou vous comprenez tous, après ces différentes considérations, la nécessité de l'établissement que je réclame.

Passant à un autre ordre d'idées, laissez-moi vous dire ma pensée tout entière.

Avec raison, avec une parfaite intelligence des besoins de notre ville, les différentes Administrations municipales, aidées par vous et par vos prédécesseurs, ont largement pourvu à l'instruction des classes pauvres. C'est justice. Nos budgets disent ce qu'il en a coûté, et je suis au-dessous de la vraie dépense en fixant le chiffre à 30,000 fr. annuels. Bien entendu que ce chiffre comprend les intérêts que donneraient les sommes qui ont été nécessitées pour l'établissement des différentes écoles et des Salles d'Asile. Vous êtes à la veille d'ajouter à ce chiffre ; car on vous demandera, si on ne vous a pas encore demandé, de nouvelles sommes importantes, de nouveaux locaux, de nouvelles écoles, un nouveau quartier, par exemple une grande portion des Allées-Boufflers.

Avant de prendre une pareille décision, Messieurs, vous serez justes aussi pour les enfants de ceux qui paient patentes et contributions. Vous vous demanderez s'il n'y aurait pas abus, alors que vous refuseriez tout aux uns, d'accorder tout aux autres; vous vous demanderez si, dans les écoles gratuites, il n'est pas un grand nombre d'enfants appartenant à des parents qui peuvent très-bien payer une rétribution mensuelle; vous vous demanderez si, par la grande facilité d'admission aux écoles gratuites, vous ne créez pas pour quelques-uns ce que j'appelle une prime de spéculation sur la bienfaisance publique.

Avant de prendre une pareille décision, il vous semblera juste et rationnel de venir en aide à ceux qui ne reculent devant aucun sacrifice d'argent, quelque difficile qu'il soit, alors que les établissements privés sont impuissants, pour doter leurs enfants d'une instruction que leur ville natale ne leur donne pas.

En consignant ici le reproche que j'ai entendu formuler, c'est-à-dire, que l'ajournement d'un collége à Bayonne serait le résultat d'un parti pris de refuser à la classe moyenne le haut enseignement que la classe fortunée peut se procurer, c'est vous dire, Messieurs, que ce reproche ne vous atteint pas. Vous êtes méconnus dans vos intentions, vous êtes calomniés dans vos actes ; je connais votre amour pour la chose publique et je sais que la presque unanimité d'entre vous est convaincue, vous me l'avez déclaré, de l'indispensable nécessité de l'établissement que plusieurs de vos collègues ont déjà demandé.

Si donc, Messieurs, vous voulez tous un collége, pourquoi ce collége ne se crée-t-il pas?

Sans doute, parce que le mode d'être de ce collége vous divise.

Certainement, si le mode d'être de ce collége ne vous eût pas divisés, lors des votes mémorables pour la ville de Bayonne, que vous avez rendus dans les séances du 4 et du 7 octobre dernier, votes qui ont engagé nos finances de façon à rendre impossible toute institution nouvelle pendant de longues années sans des moyens nouveaux, vous eussiez placé en première ligne l'érection d'un établissement secondaire communal, bien avant les halles, les quais, les ponts et les percements de rues.

Parmi vous il en est qui veulent des congrégations religieuses, parce qu'ils pensent que ces célèbres corporations leur offrent toutes les garanties pour l'instruction religieuse de leurs enfants; il en est d'autres qui pensent que l'enseignement donné au nom de l'Etat répond plus logiquement aux différentes religions pratiquées à Bayonne.

Faut-il donc que cette différente manière de penser renvoie indéfiniment la fondation d'un collége, si souvent réclamé et aussi souvent ajourné? Je ne le crois pas.

Je respecte et je comprends les susceptibilités religieuses de conscience ; je sais combien les idées religieuses inculquées, dès leur bas-âge, à nos enfants, influent heureusement sur leur âge mûr; mais je sais aussi qu'à notre époque où la liberté des cultes est consacrée par les lois de toutes les nations civilisées, une ville qui fonderait un établissement d'instruction secondaire dans lequel tous ses enfants ne seraient pas appelés, commettrait un déni de justice. Vous êtes justes, Messieurs, et votre équité résoudra la question. L'Université, il est vrai, représente l'enseignement de l'Etat, mais enseignement religieux, chrétien; c'est M. le Ministre de l'Instruction publique qui l'a proclamé solennellement au dernier concours. Eh ! Messieurs, n'est-ce pas la plus belle et la plus utile des créations de Napoléon Ier?

La ville de Bayonne compte parmi ses habitants des israélites et des protestants. Après renseignements, j'estime de 45 à 50 le nombre des élèves, appartenant à ces deux religions, susceptibles de suivre les cours universitaires.

Appeler des congrégations religieuses pour former un collége, c'est refuser aux israélites et aux protestants le droit à l'instruction secondaire. Si vous preniez une telle décision, vous ne seriez plus justes. Et si la considération d'équité ne vous arrêtait pas, permettez-moi de vous dire que vous ne seriez pas habiles au point de vue de la prospérité de votre futur collége, car vous le priveriez d'un noyau important d'élèves.

Avant d'entrer dans l'examen de ce que l'on est convenu d'appeler *voies et moyens*, laissez-moi répondre à quelques objections spécieuses que je sais vous avoir été faites.

D'abord on vous présente, dans le cas où vous voteriez un collége communal, l'exemple de quelques villes environnantes où des colléges communaux ont dû céder la place à des établissements privés dirigés par des ecclésiastiques sous le patronage des évèques diocésains. Je ne rechercherai pas les causes occultes qui ont amené ce résultat, je m'attache aux causes apparentes. Si ces établissements universitaires n'ont pu exister malgré des subventions relativement considérables; si Aire, Dax, Mont-de-Marsan, Orthez, Saint-Sever ont dû céder leur collége aux évèques, est-ce que la ville de Bayonne, après avoir établi un lycée, sera réduite à la même nécessité? Bayonne compte plus de 26,000 habitants, et la ville qui en compte le plus parmi les villes plus haut citées n'en a pas au delà de 7,000, et toutes ces villes réunies atteignent à peine au chiffre d'habitants égal à celui renfermé à Bayonne. Cette objection n'est-elle pas victorieusement réfutée?

Autre objection. On dit : les chemins de fer ont enlevé les distances. Un grand travail de concentration a lieu. Bordeaux, Toulouse, Paris sont à deux pas de Bayonne. De grands établissements d'enseignement secondaire existent dans ces villes. Y envoyer ses enfants, ce n'est pas renoncer à surveiller leur instruction, leur éducation. Les moyens de locomotion sont faciles et prompts. Je réponds à ceux qui tiennent ce langage : vous ne comptez pas avec notre bourse; si les moyens de locomotion sont prompts et faciles, ils n'en sont pas moins coûteux; et quand bien même les dépenses ne seraient pas un empêchement, les affaires vous arrêtent avec leurs exigences. Ne se déplace pas qui veut. Mais est-il

bien vrai qu'en plaçant vos enfants à Pau, à Bordeaux,
à Toulouse, à Paris, vous ne renoncez pas, pour vous,
à la surveillance de leur éducation ? J'en appelle,
Messieurs, pour répondre à cette question, à ceux
qui parmi vous ont placé quelques-uns de leurs enfants
dans une institution située dans une de ces villes.

Autre objection, et celle-ci est consignée il y a déjà
bien longtemps sur vos registres :

Je lis : « La commune de Bayonne, après avoir lar-
« gement pourvu à l'éducation primaire, élémentaire
« et supérieure » (et cela n'est plus aujourd'hui, il n'existe
pas d'école communale supérieure), « doit-elle pousser
« pêle-mêle dans une carrière d'érudition une foule de
« médiocrités qui, après avoir été détournées de leurs
« professions industrielles, n'atteindraient qu'une pro-
« fession libérale avortée ou une ambition déçue et im-
« puissante? »

Et plus loin, le spirituel rapporteur s'écrie : « Vous n'au-
« rez dans vos collèges que des aspirants avocats, des as-
« pirants médecins ou des enfants de commerçants aisés
« auxquels leurs parents veulent donner une éducation
« classique. Mais dans ces catégories vous n'aurez point
« d'élèves internes à Bayonne. Quelques Espagnols qui
« se retirent ordinairement après deux années d'études
« et quelques Basques que Larressore n'aura pas saisis
« au passage, formeront donc le fond de notre pension-
« nat.

« Cependant, quelle espèce de langue française parle-
« ra-t-on dans une pension ainsi composée? Belle école
« pour un orateur qui se destine au barreau et qui a
« l'ambition de monter un jour à la tribune ! Belle école
« encore pour un docteur médecin dont presque tous
« les collègues, après une éducation parisienne, auront
« fait tous leurs efforts pour adoucir notre accent méri-
« dional ! »

Je fais une longue citation ; quoiqu'écrites en 1836,
les assertions émises influent encore sur la manière de
penser de certaines personnes. D'abord, l'auteur ou-
bliait qu'il était une protestation vivante des principes
qu'il émettait. Puis, je dois vous déclarer, Messieurs,
n'être pas assez fort pour répondre à ces sophismes, à
ces jeux d'esprit ; votre bon sens suppléera à ma fai-
blesse ; mais laissez-moi vous dire : Ne craignez pas ces
professions avortées, ne craignez pas ces ambitions dé-
çues et impuissantes : le gouvernement de l'Empereur
Napoléon III, en ordonnant la *bifurcation* des études, a
prévu ces mauvais résultats. Aujourd'hui l'apprenti
avocat, l'apprenti médecin, l'apprenti commerçant,

l'apprenti ouvrier peuvent se donner la main dans nos
lycées : il y a un enseignement spécial pour chacun
d'eux, et où y parle le même langue, la langue française, car son étude y est la base de toute instruction.

Enfin, dernière objection. Si vous fondez un collége
à Bayonne, que deviennent les autres institutions ? Je
réponds avec M. le Maire :

« C'est un malheur sans doute, pour l'intérêt particu-
« lier qui se trouve atteint ; mais l'intérêt général do-
« mine, et 26,000 habitants passent avant 27 propriétai-
« res. »   Page 26 de sa réponse à la Commission.) Je
change les mots 27 *propriétaires*, et je dis : 26,000 habitants passent avant un maître de pension,

Mais ne croyez pas, Messieurs, que les intérêts parti-
culiers ne me touchent pas. Je vous apporte, au contraire, la preuve de la sollicitude que j'ai pour eux dans
ce qu'ils ont de juste et de raisonnable. L'Institution St-
Bernard occupe des constructions bâties pour les enfants des pauvres : elle a tout envahi, cour, chapelle et
porte principale d'entrée. Les enfants des pauvres passent par une porte dérobée, occupent des locaux très-
restreints, ne prennent pas leur récréation à la cour,
ne sont pas admis dans la chapelle où l'on va prier le
Dieu de l'Egalité. L'Institution Saint-Bernard, ayant un
logement gratuit, édifie de nouvelles constructions sur
un terrain appartenant à la ville ; en vertu de quel droit ?
Et, comme je l'ai déjà écrit, ne placez-vous pas par votre tolérance les autres institutions primaires de la commune en état d'infériorité de moyens vis-à-vis de ces
instituteurs également payés et de plus privilégiés ? S'il
est vrai que le local actuel de l'Ecole des Frères de la
rue Vainsot soit insuffisant, pourquoi ne l'augmenteriez-
vous pas, pour les enfants des quartiers rapprochés de
Bayonne, des locaux occupés par l'Institution Saint-Bernard ?

En vous demandant un collége, je m'adresse à votre
justice pour les enfants de la classe riche et de la classe
moyenne ; en vous disant les empiètements de l'Institution Saint-Bernard, je vous demande justice pour les
instituteurs primaires de Bayonne et place pour les enfants des pauvres.

J'aborde, Messieurs, les voies et les moyens.

Et d'abord, une question préalable : la création d'un
collége à Bayonne est-elle aussi nécessaire que les projets que vous avez votés le 4 et le 7 octobre dernier ?

La plupart d'entre vous pensent qu'elle est aussi utile,
plusieurs d'entre vous pensent qu'elle est préférable.

Cette question résolue, la question d'un local propre

à un collége, celle des finances, questions qui paraissent à quelques-uns parmi vous des obstacles insurmontables, deviennent des questions secondaires.

Où sont donc les locaux ?

Tosse, s'il n'est pas choisi pour un hôpital, vous l'achèterez à l'administration de l'hospice ;

Une portion des Allées-Boufflers, point central convoité pour l'agrandissement de l'Ecole des Frères, et que vous donnerez avec plus de justice à un établissement qui vous manque qu'à une école déjà largement pourvue ;

L'emplacement actuel de l'Institution Brat, après indemnité préalable ou arrangement particulier ; emplacement augmenté de quelques maisons environnantes ;

Camp-de-Prats, si le projet de M. E. Détroyat peut être mis à exécution, projet qui consiste à faire de l'hôpital et de l'asile des vieillards deux établissements distincts mais réunis, dirigés par une même administration, projet, s'il pouvait se réaliser, vraiment avantageux pour les finances de la ville ;

La première propriété venue située à nos portes, réunissant les conditions nécessaires, que vous exproprierez pour cause d'utilité publique, propriété que vous achèterez, suivant son importance, pour une somme de 50 à 100,000 fr.;

Enfin M. le Maire ne déclare-t-il pas que l'emplacement du lycée ne peut être que dans le futur quartier de Saint-Esprit ; et pourquoi n'y serait-il pas, si le nouveau quartier doit être construit?

Les locaux, Messieurs, ne manquent pas. Ils peuvent être plus ou moins propres à l'établissement que vous fonderez, mais leur plus ou moins d'aptitude ne peut être une raison suffisante pour y renoncer.

J'examine la question des finances.

Que peut coûter un lycée? Vos registres contiennent deux évaluations différentes : l'une, celle de M. Lannes, du 5 novembre 1836, estime qu'il y aura perte sèche pour la ville d'une somme ronde de 30,000 fr. annuels, et pour être dans le vrai, je dois ajouter que M. Lannes ne supputait que la somme nécessaire, suivant lui, à un collége communal; l'autre, celle de M. Viellajeus, dans la séance du 21 novembre 1843, et établissant aussi les calculs pour le même genre de collége, prélèvement fait du vingtième pour la rétribution universitaire, arrivait à présenter un boni net de 7,838 fr. annuels.

Entre ces deux évaluations, où est la vérité? Je n'hésite pas à le dire : vérifiez les calculs, contrôlez les raisons, elle appartient à M. Viellajeus.

Mais ce n'est pas un simple collége communal qu'il faut à Bayonne, c'est un lycée qui est nécessaire. Un de vos honorables collègues me l'a parfaitement démontré. Quand on veut faire une bonne récolte, on ne ménage pas la semence et on la place à propos. Si vous voulez qu'un établissement d'instruction secondaire ne soit pas une charge pour la ville dans un avenir prochain, vous créerez cet établissement de façon à ce que les Espagnols vos voisins et les enfants des familles riches des Landes et d'une partie des Basses-Pyrénées, n'aillent pas chercher au delà de Bayonne de meilleurs professeurs et une meilleure instruction. Savoir dépenser à propos dans cette circonstance, c'est savoir économiser dans l'avenir. Arrêter les élèves espagnols dans notre lycée, c'est s'assurer de ces liens d'affection et d'affaires qui donneront une activité nouvelle à notre commerce.

Que peut donc coûter un lycée?

Calculs basés sur 100 élèves internes à 600 fr. par an ; — sur 150 élèves externes à 10 fr. par mois.

FRAIS D'ÉTABLISSEMENT :

Emplacements et constructions nécessaires.	300,000ᶠ
Dépenses de mobilier, etc.	50,000
Cabinet de physique et de chimie.	20,000
Total	370,000ᶠ

DÉPENSES ANNUELLES :

Intérêts de cette somme à 5 ⁰⁄₀.	18,500ᶠ
Émoluments des professeurs et des employés.	35,000
Rétribution universitaire pour 250 élèves au 20ᵉ de la pension, soit 50 fr. par élève.	7,500
Dépense pour la nourriture de chaque interne, en la fixant à 30 fr. par mois et pour dix mois, soit 300 × 100.	30,000
Blanchissage de chaque interne à 1 fr. par mois et pour 100 élèves.	1,000
Éclairage.	2,000
Achat de bois pour l'année.	1,000
Dépenses imprévues.	1,000
Total des dépenses	96,000ᶠ

RECETTES ANNUELLES :

100 Elèves externes à 600 fr.........	60,000	75,000f
150 Elèves internes à 10 fr. par mois et pendant dix mois..................	15,000	
Déficit annuel.................		21,000f

Il est probable, et je dois vous le déclarer, parce que je le pense, que pendant les premières années, le déficit sera encore plus considérable. Il n'est pas certain que vous ayez le nombre d'élèves prévus par mes calculs; mais je puis assurer, sans crainte de me tromper, que d'ici à une époque très-rapprochée, si vous fondez un bon lycée, ces élèves arriveront, et qu'avant dix ans votre lycée se suffira sans subvention aucune. Ce n'est pas là seulement mon opinion particulière, c'est celle d'hommes experts dans la matière. Une subvention de 21 à 25,000 fr. par an, pendant quelques années, est-elle un empêchement radical pour la ville de Bayonne au lycée reclamé par tous? Non, Messieurs. Quand une ville alloue à un théâtre de 12 à 15,000 fr. par an; quand elle dépense pour ce même théâtre, pendant l'espace de quelques années, l'énorme somme de 92,000 fr., sans compter celles de la construction, elle ne peut pas, elle ne doit pas refuser la subvention d'un lycée. Je ne vous ferai pas l'injure d'établir un parallèle d'utilité entre ces deux sortes d'établissements : émettre la proposition c'est la résoudre.

Si les projets que vous avez votés absorbent nos finances jusqu'en 1886, que n'ajoutez-vous à l'emprunt que vous voulez contracter la somme nécessaire à l'érection d'un lycée?

Ne pouvez-vous éloigner de quelques années l'époque de votre entière libération?

M. le Maire a écrit et votre majorité a consacré le raisonnement suivant : « Lorsqu'une ville exécute des tra-
« vaux et qu'elle les paie au moyen d'un emprunt rem-
« boursable à longs termes sur l'excédant de ses recet-
« tes ordinaires, la génération qui en bénéficie immé-
« diatement est exonérée de toute charge contributive ;
« elle en recueille les bénéfices et lègue les charges à la
« génération suivante. »

Si les projets votés absorbent vos finances de manière à rendre impossible une augmentation d'emprunt parce que vos ressources ne pourraient pas faire face aux intérêts à payer, je vous dis : Si la loi vous le permet, n'hésitez pas entre des halles et un lycée : sacrifiez vos halles, construisez le lycée. Qu'importe que des carottes et des navets soient plus ou moins élégamment vendus; l'instruction de nos enfants, incomplète à Bayonne, ne prime-t-elle pas un marché?

Et enfin, si la loi ne vous permet de rien changer à votre vote, je supplie l'Administration Municipale, je supplie le Conseil Municipal de se mettre à la tête d'une liste de souscription pour faire les fonds nécessaires à l'établissement d'un lycée; les souscripteurs ne feront pas défaut, les pères de familles sont nombreux. Parmi vous, Messieurs, se trouvent de hautes notabilités financières; il me suffit de vous indiquer le moyen, vous serez plus aptes que moi à fixer les conditions.

Qu'il me soit permis, en finissant, de rappeler ces paroles remarquables de M. le Maire : « *Que nos enfants ne puissent pas nous reprocher un jour de nous être laissés endormir dans une coupable indifférence et de nous être laissés arrêter par des préoccupations mesquines.* » Qu'il me soit aussi permis d'ajouter, comme je l'ai déjà fait : « Que nos enfants ne nous reprochent pas un jour de leur avoir marchandé l'instruction, cette première vie de l'intelligence! »

J'ai l'honneur de vous demander, Messieurs, qu'il vous plaise prendre telle délibération que vous jugerez convenable, afin que la Commission du collège, qui a été nommée au mois d'août dernier, vous remette son rapport dans le cours de cette session, et que vous puissiez ainsi prendre telle décision qui vous paraîtra répondre le mieux aux intérêts de la ville que vous représentez.

J'ai l'honneur d'être,
Monsieur le Maire,
Messieurs les Membres du Conseil Municipal,
Votre très-humble et très-obéissant administré,

V. BIRABEN.

Bayonne, le 7 Novembre 1859.

----•----

Hier, le Conseil Municipal, réuni en session ordinaire, a bien voulu entendre la lecture de notre lettre, qui lui a été faite par M. le Maire. Le Conseil l'a renvoyée à l'examen de la Commission précédemment nommée. L'honorable M. Lafont, membre des quatre Commissions nommées en 1851, 1853, 1855 et 1859, qui a toujours pensé ou qu'un collège était inutile à Bayonne, ou que la ville ne pouvait pas se charger des dépenses que nécessite un

pareil établissement, a donné sa démission de membre
de la Commission du collége. Nous le regrettons. Nous
eussions bien désiré connaître les motifs de l'inutilité
d'un collége, allégués par l'honorable M. Lafont ; nous
eussions également désiré savoir en quoi les finances de
la ville le rendaient impossible. On nous a parlé d'un
rapport fait par l'honorable M. Lafont; nous l'avons vai-
nement cherché sur les registres, nous n'avons pu par
conséquent ni en combattre ni en accepter les conclu-
sions. Nous avouons que notre regret est diminué en
vertu de ce proverbe :

Qui quitte le jeu, perd la partie.

Le Conseil a remplacé le démissionnaire par M. E. Détroyat. La Commission actuelle se compose donc de
MM. Furtado, Le Beuf, Laffargue, Dubrocq et E. Détroyat.

Certes, si la question doit être résolue affirmativement,
elle le sera par ces Messieurs.

Le 7 novembre 1855, M. Le Beuf ; le 9 février 1859, M.
Furtado, proposèrent la création d'un collége. M. E. Détroyat, dans la séance du 26 septembre dernier, estime
qu'une des questions les plus urgentes, celle qui élèvera
le niveau de l'instruction, celle qui permettra de veiller
par nous-mêmes à l'éducation de nos enfants, celle qui
aura des résultats avantageux pour notre ville, c'est la
fondation d'un collége. MM. Dubrocq et Laffargue nous
ont fait personnellement l'honneur de nous assurer
qu'ils étaient parfaitement pénétrés de la nécessité de
cette institution.

La question ne sera donc plus enterrée comme en
1851, 1853 et 1855.

Elle le sera d'autant moins que nous savons que M. le
Maire a promis tout son concours à la nouvelle Commission, qu'elle pourra se réunir quand elle le croira convenable. Quant aux documents nécessaires pour l'étude
de la question, ils seront faciles à procurer pour peu que
la Commission désire les avoir.

Le 2 octobre dernier, nous écrivîmes à M. le Recteur.

Voici en grande partie sa réponse, du 7 du même mois :

« Il serait sans doute désirable, comme vous le pensez,
« que la ville de Bayonne possédât un établissement pu-
« blic où l'enseignement secondaire serait donné sui-
« vant la direction indiquée par l'Etat ; mais l'organisa-
« tion d'un lycée impérial entraînerait des dépenses
« considérables de construction et d'ameublement dont
« la ville n'est probablement pas en position de se char-
« ger immédiatement. » (M. le Recteur ignorait sans
doute que la ville de Bayonne est assez riche pour con-

sacrer 1,600,000 fr. à des travaux qui peuvent être utiles, mais qui, pour nous, sont moins nécessaires qu'un lycée?) « L'organisation d'un collège communal ne « présenterait pas les mêmes difficultés et pourrait « offrir aux familles des moyens à peu près suffisants « d'instruction. » (En fait d'instruction, nous ne comprenons pas les moyens à peu près suffisants.) « C'est « cette organisation qu'il paraîtrait convenable d'entre- « prendre maintenant et qui a fait l'objet de communi- « cations officielles à l'Administration Municipale qui ne « paraît pas encore y avoir répondu. Si le Conseil Muni- « cipal se montre disposé à accueillir ces premières ou- « vertures, l'Administration académique recevra avec « intérêt toutes les communications qui lui seront faites « sur cette affaire dont M. le Ministre de l'Instruction « publique a déjà apprécié l'utilité , en voulant bien la « recommander à l'autorité préfectorale.

« Agréez , etc.

« *Le Recteur,*
« Signé : DUTREY. »

Ainsi la route est tracée; que l'Administration Muni- cipale, ou à son défaut la Commission, réponde aux ouvertures faites par M. le Ministre de l'Instruction pu- blique : les renseignements ne manqueront pas, elle pourra établir son travail vite et bien. Vouloir, c'est pouvoir.

Suivant nous, il faut se hâter.

Le futur emprunt fixé à 1,600,000 fr. devra être aug- menté de la somme nécessaire pour l'établissement du lycée, sinon le lycée court grand risque d'être...... enterré.

Ce ne sera pas notre faute, si cela arrive. Il nous res- tera l'espoir de le faire ressusciter. Il y a des juges à Berlin!

V. BIRABEN.

P. S. Quelques personnes nous ont demandé si deux villes du même département peuvent avoir un lycée : la lettre de M. le Recteur répond à la question.

Bayonne, le 9 Novembre 1859.